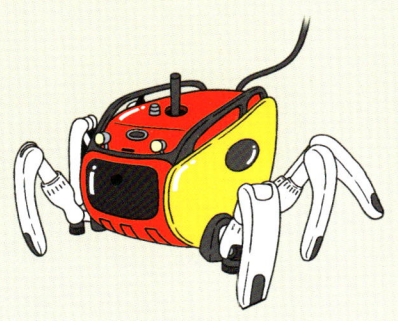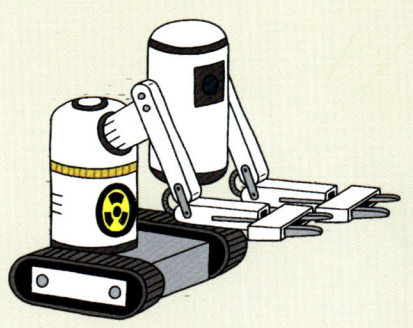

예영 글

글 쓸 때가 가장 즐겁고 행복합니다. 만화, 동화, 교양서 등 다양한 분야의 어린이 책을 쓰고 있어요. 지은 책으로 《아들러 아저씨네 심리 성형외과》《칸트 아저씨네 연극반》《닭 답게 살 권리 소송 사건》《존리의 금융 모험생 클럽》《냥 박사와 바이러스 탐험대》《코피 아난 아저씨네 푸드 트럭》《어린이를 위한 법이란 무엇인가》《우리 학교가 사라진대요!》《딱 한마디 세계사》 등이 있어요.

박우희 그림

대학에서 시각디자인을 전공하고 한국일러스트레이션학교(HILLS)에서 그림책을 공부했어요. 쓰고 그린 책으로 《괴물들이 사라졌다》《산타봇-O》이 있고, 그린 책으로 《인공 지능 판사는 공정할까?》《왜 먹을까? 영양소 이야기》《괴물 학교 회장 선거》《민주주의가 왜 좋을까?》《안전: 나를 지키는 법》《왜 내 것만 작아요?》《깜깜 마녀는 안전을 너무 몰라》《악당 우주 돼지가 수상해》 등이 있어요.

어린이공학자 10
구석구석 놀라운 공학의 세계

1판 1쇄 인쇄 | 2023. 11. 20.
1판 1쇄 발행 | 2023. 11. 29.

예영 글 | 박우희 그림

발행처 김영사 | **발행인** 고세규
편집 김유영 | **디자인** 고윤이 | **마케팅** 서영호 | **홍보** 조은우
등록번호 제 406-2003-036호 | 등록일자 1979. 5. 17.
주소 경기도 파주시 문발로 197(우10881)
전화 마케팅부 031-955-3100 | 편집부 031-955-3113~20 | 팩스 031-955-3111

값은 표지에 있습니다.
ISBN 978-89-349-4583-3 74500
      978-89-349-8354-5 (세트)

좋은 독자가 좋은 책을 만듭니다. 김영사는 독자 여러분의 의견에 항상 귀 기울이고 있습니다.
전자우편 book@gimmyoung.com | 홈페이지 www.gimmyoungjr.com

이 시리즈는 산업통상자원부의 지원을 받아 NAEK 한국공학한림원과 주니어김영사가 발간합니다.

어린이제품 안전특별법에 의한 표시사항

제품명 도서 제조년월일 2023년 11월 29일 제조사명 김영사 주소 10881 경기도 파주시 문발로 197
전화번호 031-955-3100 제조국명 대한민국 ⚠주의 책 모서리에 찍히거나 책장에 베이지 않게 조심하세요.

구석구석 놀라운 공학의 세계

예영 글 | 박우희 그림

주니어김영사

공학은 아주 고마운 학문이야.

사람들에게 불편한 문제를 찾아 뚝딱뚝딱 해결해 주거든.

언제 어디서든 통화할 수 있는 핸드폰도 만들고,

힘든 빨래를 대신해 주는 세탁기도 만들었어.

배와 다리를 만들어 강도 건널 수 있게 되었지.

공학 덕분에 우리 생활이 얼마나 편리해졌는지 몰라.

공학은 꿈을 이뤄 주는 학문이기도 해.
머릿속으로 상상하던 걸 현실로 구현해 내거든.
공학 기술로 비행기를 만들어서
새처럼 하늘을 훨훨 날고 싶다는 꿈을 이루었어.

또 우주선과 로켓을 만들면서
지구 밖 우주를 탐험하고 싶다는 꿈도 이루었지.
공학을 통해 우린 새로운 세상을 만들어 왔어.

공학자는 항상 사람들의 말에 귀를 기울여.
사람들이 무엇을 불편해하고,
무엇을 필요로 하는지 찾아내지.

공학자는 과학, 수학, 기술 등
다양한 지식을 연구해서
문제를 해결할 방법을 고안해 내.
그렇게 컴퓨터와 핸드폰, 카메라를
합쳐서 만든 게 스마트폰이야.

공학자 덕분에 우리 삶은 훨씬 편리해졌어.
자, 당장 주변을 둘러볼래?
책상, 의자, 컴퓨터, 에어컨, 자동차, 건물, 다리!
우리가 쓰는 모든 물건은
공학자의 연구 끝에 탄생했어.

그렇다면 공학과 과학은 어떻게 다를까?
둘은 비슷해 보여도 자세히 들여다보면 무척 달라.

자석을 예로 살펴볼까?
과학자는 자석이 지닌 자연 현상을 발견해서
"왜 그런 현상이 나타나지?" 의문을 품고,
답을 찾기 위해 연구하는 사람들이야.

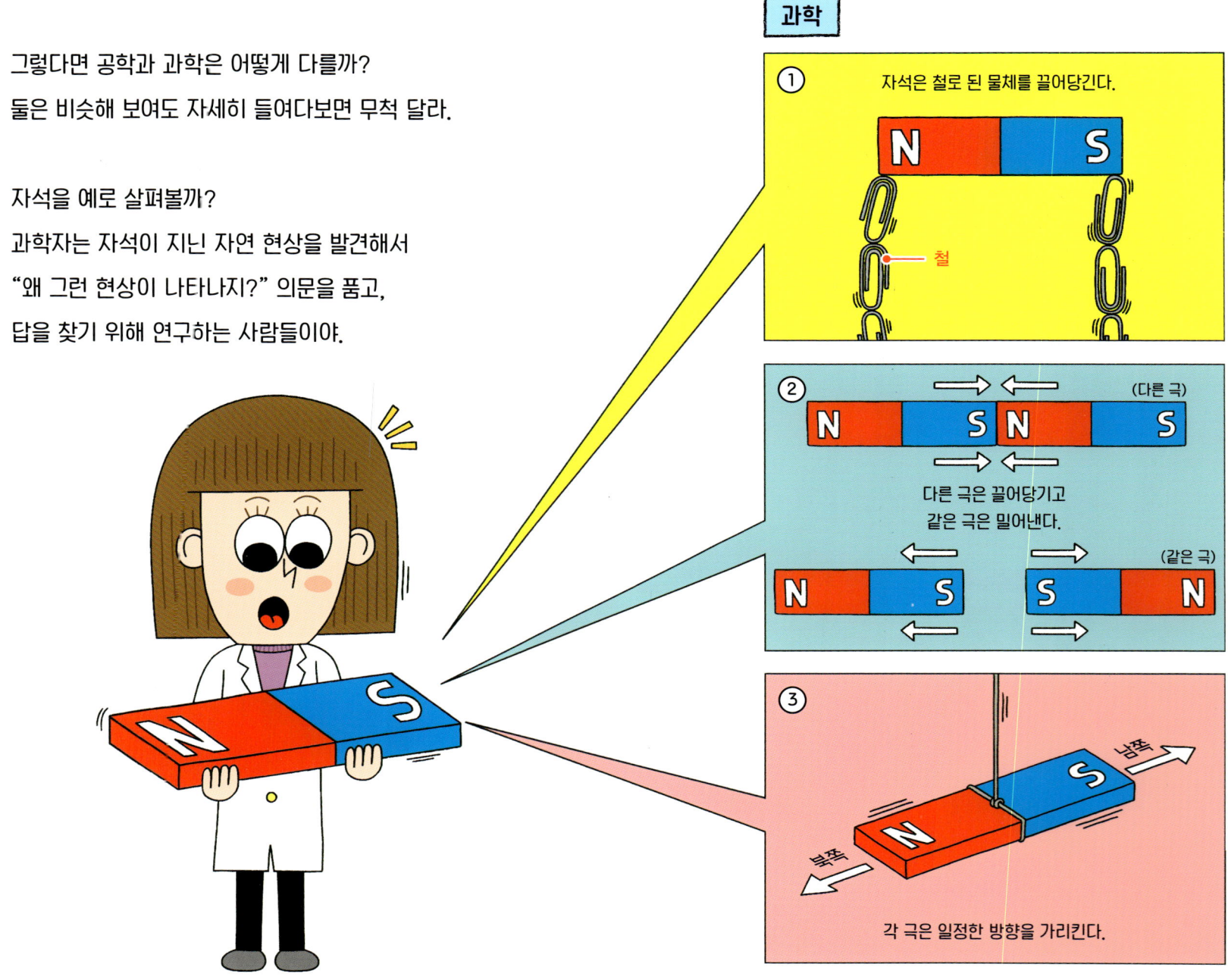

이번에는 공학자가 자석을 갖고 어떤 일을 하는지 볼까?

① 철로 된 물체를 끌어당기는 성질을 이용해 살짝 밀어도 쾅 닫히는 냉장고 문을 만들었어.

② 다른 극은 끌어당기고, 같은 극은 밀어내는 성질을 이용해 빠른 속도로 떨어지다가 안전하게 멈추는 자이로드롭도 만들었지.

③ 일정한 방향을 가리키는 성질을 활용해 방향을 알려 주는 나침반도 만들었어.

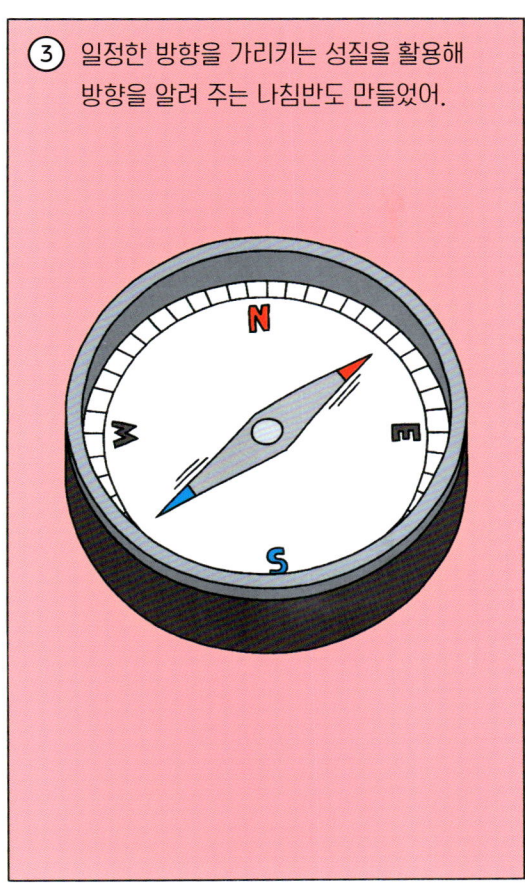

공학

이처럼 공학은 과학자들이 연구한 결과를 바탕으로
사람에게 필요한 물건을 만드는 학문이야.
그렇다면 공학에는 어떤 분야가 있을까?

한여름 무더위를 싹 식히는 에어컨,
한 번 잡으면 놓을 수 없는 게임기,
건물을 오르내리는 엘리베이터,
도로를 씽씽 달리는 자동차.
이것들의 공통점은 뭘까?
정답은 바로 '기계'란 거야.

기계 공학은 수학, 물리학, 화학 등을 바탕으로 기계 장치를 연구하고 만드는 학문이야.

기계 공학자는 우리가 날마다 사용하는 기계뿐 아니라
건설 장비, 의료 기기, 산업용 기계, 로봇, 우주선 등등
사람이 살아가는 데 필요한 모든 분야의 기계를 설계해.
다양한 공학 분야와 연결되어 있어서,
함께 의견을 나누고 협조하는 것이 중요하지.

최근에는 공사 현장에서 생기는 미세 먼지를 관리하는 등
환경 오염을 막는 기계를 만들기 위해 노력하고 있어.

우주선

자동차

전기 자동차

수천 년 전부터 사람들은 다양한 건축물을 만들어 왔어.
고대 이집트 파라오들의 관을 보관하는 피라미드,
조선 시대의 첨단 기술을 집약해서 지은 수원 화성,
세상에서 제일 긴 다리 샌프란시스코 금문교.
모두 토목 공학을 바탕으로 지은 역사적인 건축물이지.

토목 공학은 구조물을 안전하고 튼튼하게 만드는 기술을 연구해.
만약 지진에도 쓰러지지 않는 높은 아파트를 짓는다면,
토목 공학자는 먼저 아파트를 세울 땅과 주변 환경을 살피고,
어떤 재료와 기술을 사용할지 정한 후
아파트를 설계해서 본격적인 공사에 들어가.
완성 후에는 건물에 문제가 없는지 관리하는 일까지 책임지지.

샌프란시스코 금문교

아파트

스마트폰, 청소기, 냉장고, 전자레인지 등
전자 제품이 없다면 우리 생활은 어떨까?
청소기가 없다면 더러운 바닥을 일일이 쓸어야 하고,
냉장고가 없다면 음식이 금방 상해 버리겠지?

전자 공학은 전자가 흐르는 전기를 에너지로 삼아
각종 전자 제품을 설계하는 학문이야.
덕분에 우리는 편리하고 여유로운 삶을
누리게 되었지.

컴퓨터는 문서 작성, 정보 검색, 메일, 게임 등
수많은 작업을 처리하는 만능 재주꾼이야.
그만큼 우리에게 없어서는 안 될 존재이지.
컴퓨터는 기계 장치인 '하드웨어,'
컴퓨터를 작동하는 프로그램인 '소프트웨어,'
인터넷에 접속하기 위한 통신 체계 '네트워크'로 이루어졌어.
컴퓨터 공학은 이와 관련된 모든 기술을 연구하는 학문이야.

사람들은 부피가 작고, 가볍고, 간편하고, 빠르고, 오래 사용할 수 있는 컴퓨터를 사용하길 원해. **컴퓨터 공학자**는 사람들의 요구에 맞게 데스크톱, 노트북, 태블릿 등을 개발해 왔어. 또 어떤 장소에서든 인터넷을 빠르게 이용할 수 있는 네트워크 기술도 발전시켰지. 컴퓨터 공학자 덕분에 온 세상이 연결되고 있어.

어떤 물질이 본래 성질과 전혀 다른
새로운 물질로 바뀌는 현상을 '화학 변화'라고 해.
예를 들어 칼이나 가위에 물기가 오래 남으면 녹이 스는데,
금속이 물과 산소를 만나 화학 변화가 일어나며
금속 산화물인 녹이 생긴 거야.

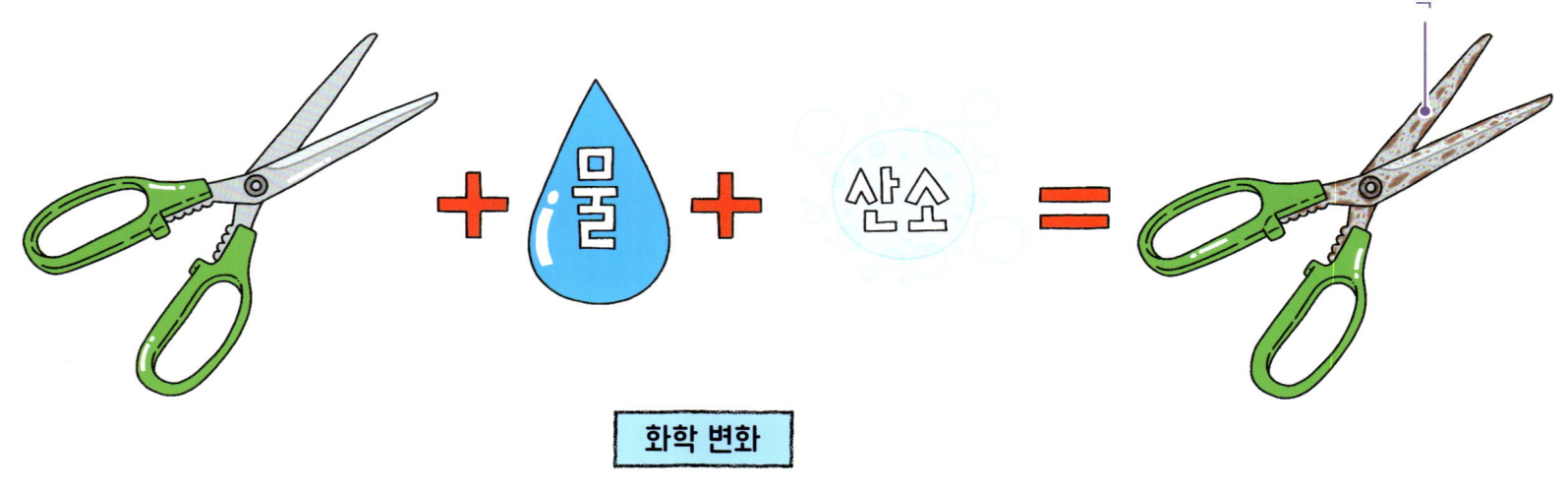

화학 변화

깎아 둔 사과가 갈색으로 변하는 현상도 화학 변화야.
사과 속 성분이 공기 중 산소를 만나 갈색 효소가 생긴 거지.
화학 공학은 물질에 이런 화학 변화를 일으켜서
세상을 끊임없이 변화시키는 멋진 학문이야.

화학 공학자는 석탄, 석유, 철, 구리 등 천연자원 속에 있는
원료 물질을 다른 물질과 조합해서 새로운 물질로 바꾸는 일을 해.
치약, 비누, 화장품, 의약품처럼 쓸모 있는 제품으로 만드는 것이지.
최근에는 땅속에서 쉽게 분해되는 플라스틱, 천연 샴푸 등
지구 환경을 오염하지 않는 제품을 개발하고,
사용한 제품을 안전하게 버리는 방법도 연구하고 있어.

항공 우주 공학은 새처럼 훨훨 날고 싶은 인간의 꿈을 현실로 이루는 학문이야. 하늘과 우주를 빠르고 안전하게 날 수 있는 비행 기술이나 기계를 연구하지.

항공 공학자는 헬리콥터, 비행기, 전투기 등 지구 대기권 안쪽 하늘을 나는 비행체를 연구해. 금속으로 만든 무거운 비행체가 높은 하늘에서 빠른 속력으로 안전하게 날 수 있도록 하지.

우주 공학자는 우주선, 로켓, 미사일, 무인 탐사선 등
지구 대기권 바깥쪽 우주를 나는 비행체를 연구해.
지구가 물체를 당기는 힘인 '중력'을 벗어날 만큼 가벼우면서,
대기권을 통과할 때 생기는 열을 버틸 정도로 튼튼해야 해.
지구와는 다른 우주의 환경에 맞춰 설계하는 것도 중요하지.

우리나라에선 달 무인 탐사선을 연구해
2022년 8월, '다누리호'를 발사하기도 했어.
덕분에 본격적인 우주 탐사가 활발해지며
우리나라 우주 산업에 대한 기대도 커지고 있지.

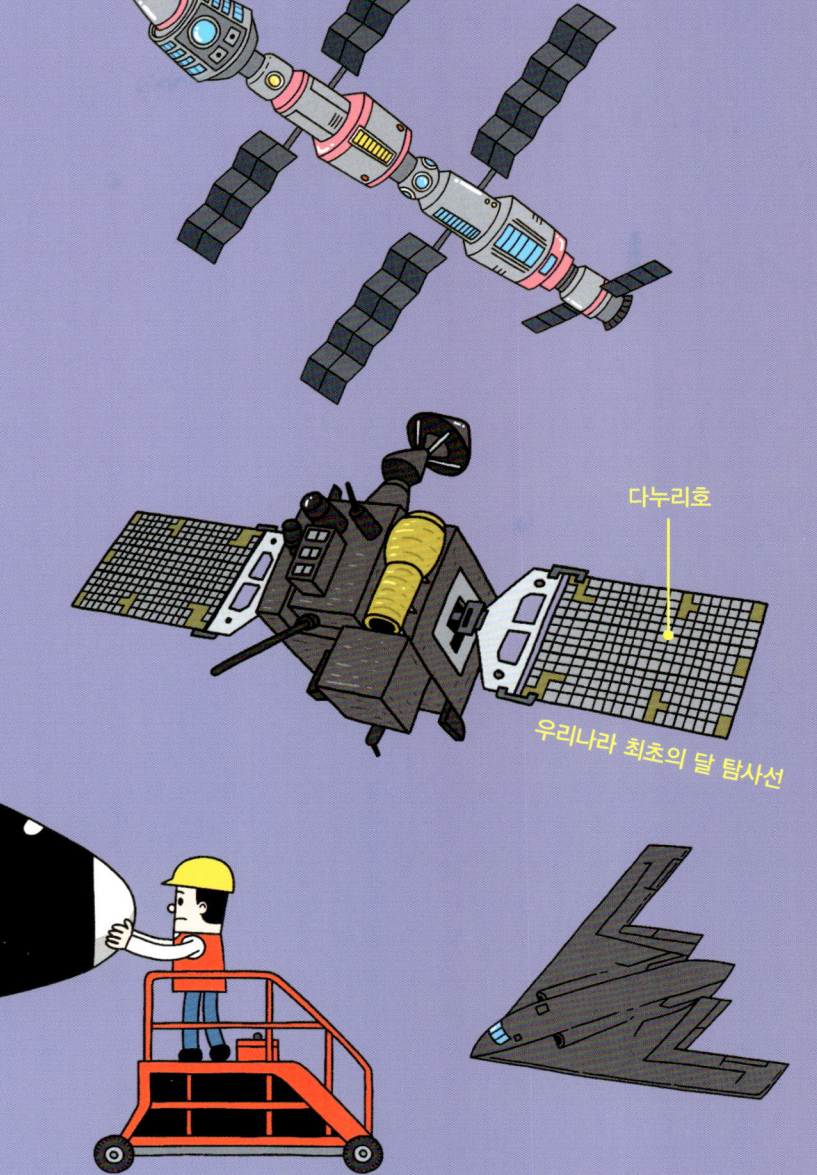

다누리호
우리나라 최초의 달 탐사선

생명 공학은 사람을 포함한 동물, 식물, 미생물 등
모든 생명체의 비밀을 밝히는 학문이야.
그리고 생명체의 일부분을 조작해서
인간에게 도움이 되는 방법을 연구하지.

어떻게 하면 인간이 질병을 이기고 오래 살 수 있을까?

어떻게 하면 지구를 인간이 살기 좋게 만들까?

생명 공학자는 이런 질문들에 대한 답을 찾아내려고 노력해.

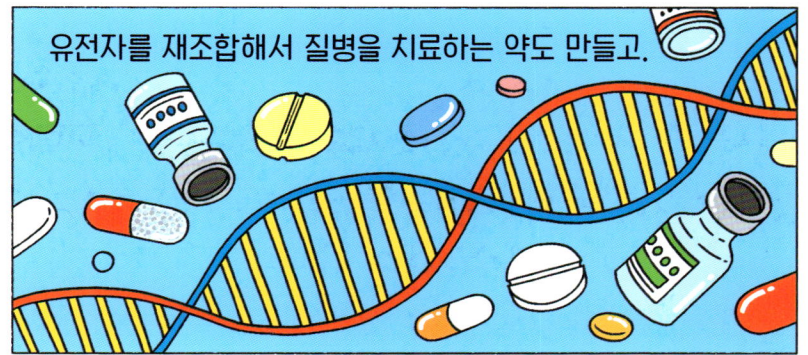
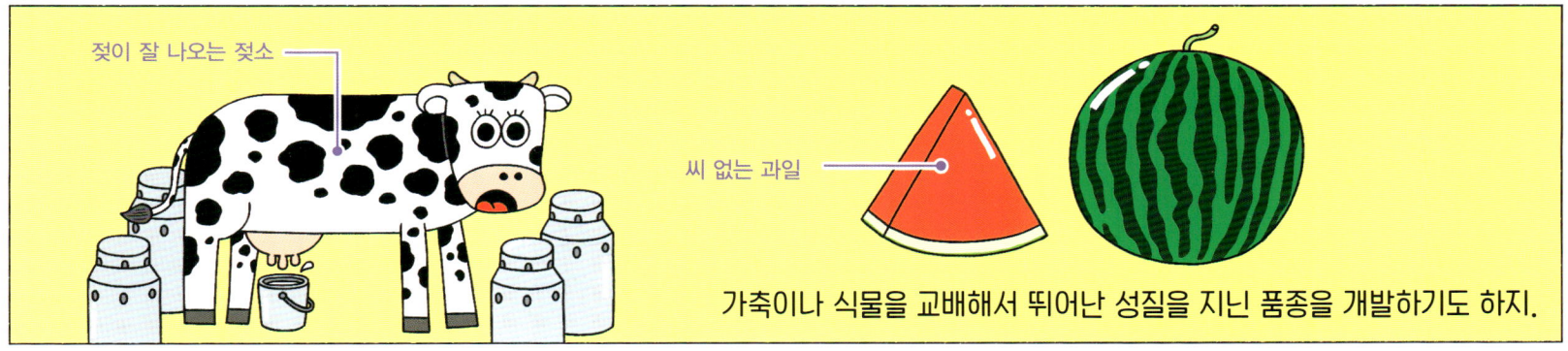

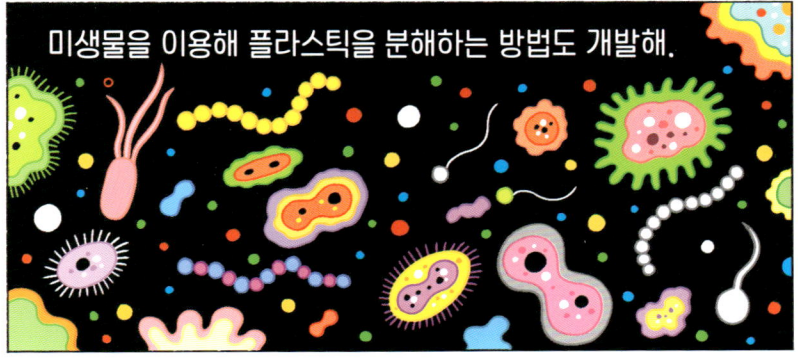

하지만 생명 공학은 과연 윤리적으로 옳은지에 대한 고민도 항상 따라.

로봇 공학은 자동 기계인 '로봇'을 설계하고 응용하는 학문이야.
로봇에 일의 순서가 담긴 프로그램을 입력하면
인간보다 정확하고 빠른 속도로 작업할 수 있어.
사람들의 숙제나 청소를 도와줄 수도 있고,
우주나 깊은 바닷속, 혹은 원자력 발전소처럼 위험한 곳에 가서
사람이 하기 힘든 일을 대신하기도 해.

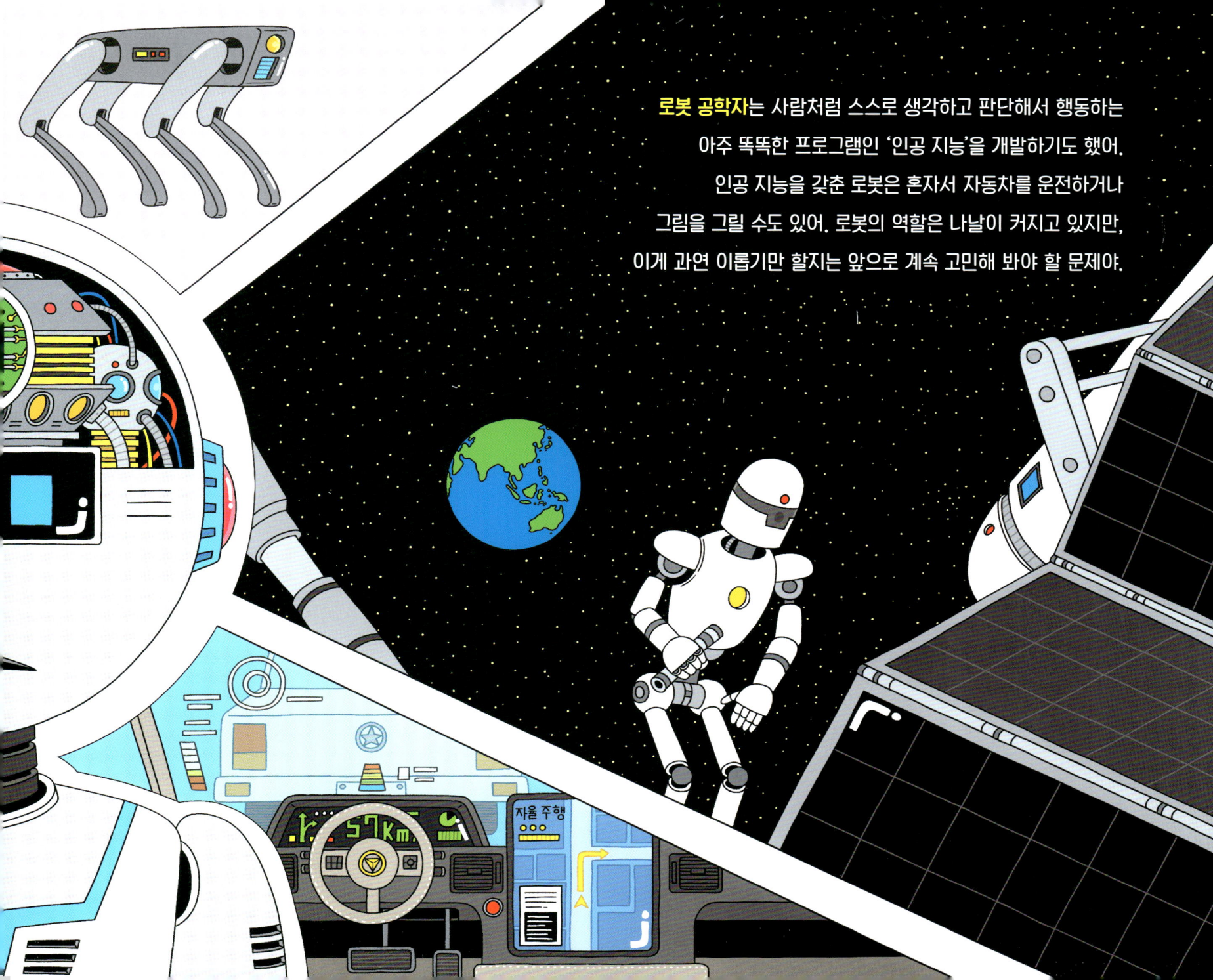

로봇 공학자는 사람처럼 스스로 생각하고 판단해서 행동하는 아주 똑똑한 프로그램인 '인공 지능'을 개발하기도 했어. 인공 지능을 갖춘 로봇은 혼자서 자동차를 운전하거나 그림을 그릴 수도 있어. 로봇의 역할은 나날이 커지고 있지만, 이게 과연 이롭기만 할지는 앞으로 계속 고민해 봐야 할 문제야.

제빵 회사에서 빵을 팔려면 어떤 과정을 거쳐야 할까?
시장 조사, 메뉴 개발, 재료 준비, 제빵, 포장, 홍보, 판매 등
수많은 작업이 필요한데, 이처럼 여러 단계로 이루어진
작업 전체를 하나의 '시스템'이라고 해.
시스템 공학은 바로 이 시스템을 연구하는 학문이야.
시스템 속에 있는 작업을 분석해서 일을 효과적으로
처리하고 최고의 결과를 얻는 방법을 마련하지.

만약 병원에서 환자가 접수하는 과정이 복잡하거나 위급한 환자가 순서를 기다려야 한다면 문제가 생기겠지? **시스템 공학자**는 시스템의 문제를 분석하고 순서와 방법을 수정해 환자가 신속하게 진료를 받을 수 있는 시스템을 설계해. 코로나19 이후에는 집에서 원격으로 진료를 받는 비대면 진료 시스템도 활발하게 연구하고 있어.

이처럼 시스템 공학은 의료, 금융, 자동차 산업 등 거의 모든 산업 분야에 필요한 공학 분야야.

예로부터 사람들은 흙, 돌, 철, 나무 등 다양한 원료를 쓰며,
원재료보다 뛰어난 성질을 지닌 소재를 개발하고자 했어.
예를 들어 비가 와도 썩지 않고 튼튼한 목재를 만들기 위해
나무에 습기가 차는 걸 방지하는 약품을 바르고,
톱밥을 넣어 합성 목재를 개발했지.
신소재 공학은 이렇게 이전에 없던 새로운 소재인
'신소재'를 개발하는 학문이야.

신소재 공학자는 원래 소재에서 새로운 기능을 발견하거나,
각기 다른 소재를 섞어 더 뛰어난 성질을 지닌 소재를 만들어.
소재의 단점은 없애고 장점을 살려서
제품의 기능을 더 튼튼하고 좋게 만드는 거지.
밟아도 부러지지 않는 안경테, 불길이 닿아도 타지 않는 소방복 등,
신소재는 이미 우리 생활 깊숙이 자리 잡아 도움을 주고 있어.

지금까지 공학의 다양한 분야를 살펴보았는데 어때?
낯설고 어렵기만 하던 공학과 가까워진 것 같지 않니?
공학은 우리 삶을 편리하고 윤택하게 만들어 주지만
자칫하면 오히려 인간과 지구에 해를 끼칠 수도 있어.
인공 지능 로봇이 사람들의 일자리를 빼앗고,
유전자를 조합해서 만든 새로운 식물이 환경을 파괴할 수도 있거든.
이처럼 공학은 편리함 뒤에 부작용이 나타날 수 있어.

그렇다면 공학을 통해 세상이 더 나은 방향으로 나아가기 위해선 어떻게 해야 할까?
공학의 이로운 점과 해로운 점을 판단해 현명하게 기술을 사용해야겠지.
바람직한 미래를 만들어 나가는 건 바로 우리에게 달렸어.
그 선택에 책임을 지는 것도 우리라는 걸 명심하렴.

나와 맞는 공학자 찾기
나는 어떤 공학자가 잘 어울릴까?

자신이 해결하고 싶은 문제와 상황을 골라 보세요.
내게 맞는 공학 분야를 찾을 수 있답니다.

우리 학교는 학생 수에 비해 급식실이 작아요. 점심시간만 되면 다들 먼저 자리를 차지하려 하다 보니 소란스러워요. 정해진 시간 안에 작은 급식실에서 우리가 편안히 밥을 먹을 수 있는 방법을 찾아보고 싶어요. → ①

집에서 키우는 고양이가 이제 나이가 들어서 많이 아파요. 고양이를 아프게 하는 미생물이 있다는데, 이 미생물을 연구해서 고양이를 치료하고 싶어요. → ②

① 복잡한 일을 간단하고 효율적으로 바꾸고 싶다면 **산업 공학자로!**

② 생명의 비밀을 탐구하고 응용하는 일에 관심이 있다면 **생명 공학자로!**

③ 하늘과 우주를 비행하는 원리에 관심이 많다면 **항공 우주 공학자로!**

④ 화학 재료를 섞어 새로운 제품을 만들고 싶다면 **화학 공학자로!**

⑤ 우리가 살거나 이용하는 각종 건축물에 관심이 있다면 **토목 공학자로!**

만화 영화에서 본 것처럼 하늘을 나는 기차를 타고 싶어요. 지구 밖으로 나가 드넓은 우주 공간을 여행하면 정말 근사하겠죠? 기차와 비행기, 우주선의 차이를 찾아봐야겠어요. → ③

심부름으로 음식물 쓰레기를 버리러 갔다가 놀랐어요. 사람들이 버린 이 많은 쓰레기는 어디로 버려지는 걸까요? 환경을 오염시키는 쓰레기에 다른 물질을 섞어서 땅에 좋은 역할을 할 수 있도록 만들 방법은 없을까요? → ④

학교 건물은 왜 한결같이 네모나고 반듯반듯할까요? 둥그렇거나 세모나거나 꽈배기 모양인 학교는 없을까요? 우리가 다니고 싶은 색다른 학교를 만들어 보고 싶어요. → ⑤

스마트폰은 가볍고 작아서 아주 편리해요. 하지만 늘 손에 들고 다니기가 불편해요. 손목에 시계처럼 차고 다닐 수 있는 컴퓨터를 만들고 싶어요. → ⑥

숙제도 해야 하고, 학원도 가야 하고, 친구들이랑도 놀고 싶은데 시간이 부족해요. 내가 노는 동안 숙제를 대신해 주고, 방 청소도 알아서 척척 해 주고, 심부름도 해 주는 로봇을 설계해 볼래요. → ⑦

베란다에 있는 화분에 물 주는 걸 자꾸만 깜빡해요. 화분의 식물이 시들지 않게 온도, 습도 등을 맞춰 자동으로 물 주는 기계를 만들어 보고 싶어요. → ⑧

⑦ 사람의 일을 대신해 줄 로봇에 관심이 있다면 **로봇 공학자로!**

⑨ 전자 제품의 내부가 궁금해서 뜯어보고 싶다면 **전자 공학자로!**

⑪ 우리 주변 소재에 관심이 많고 더 좋게 개발하고 싶다면 **신소재 공학자로!**

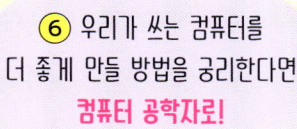

⑥ 우리가 쓰는 컴퓨터를 더 좋게 만들 방법을 궁리한다면 **컴퓨터 공학자로!**

⑧ 뚝딱뚝딱 움직이는 기계를 만드는 걸 좋아한다면 **기계 공학자로!**

⑩ 일을 효율적으로 관리하는 방법을 고안하고 싶다면 **시스템 공학자로!**

작년에 생일 선물로 받은 게임기가 고장 났어요. 쓰레기통에 버리려다가 게임기 속이 어떻게 생겼는지 궁금해서 분해해 봤어요. 끊어진 회로 하나만 이어 주면 다시 사용할 수 있을 것 같은데, 어떻게 하면 게임기를 고칠 수 있을까요? → ⑨

우리 동네 도서관에는 좋은 책이 많지만 책을 빌리기는 어려워요. 누가 언제 빌려 갔는지, 언제 반납할지, 누가 예약을 했는지를 확인할 수가 없거든요. 컴퓨터 프로그램을 이용해서 편하고 정확하게 관리할 수 없을까요? → ⑩

할아버지 댁 마당에 커다란 나무 평상이 있어요. 나무 결이 살아 있어서 아주 멋지고, 열 명이 앉아도 끄떡없을 만큼 튼튼해요. 그런데 나무는 비를 맞으면 썩고 불이 닿으면 타서 아쉬워요. 물과 불에 강한 나무 재료를 만들면 어떨까요? → ⑪

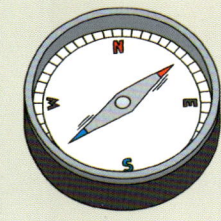